„

Für Dich

Die Deutsche Nationalbibliothek verzeichnet diese Publikation in der Deutschen Nationalbibliografie; detaillierte bibliografische Daten sind im Internet über www.dnb.de abrufbar.

365 Zitate für starke Frauen von Tim Reichel

Studienscheiss UG (haftungsbeschränkt)
Rathausstr. 24 B, 52072 Aachen
kontakt@studienscheiss.de
Geschäftsführer: Dr. Tim Reichel, M.Sc.
Registergericht: Amtsgericht Aachen
Registernummer: HRB 19105
USt-IdNr.: DE295455486

Erste überarbeitete Auflage, September 2019

ISBN: 978-3-946943-24-2 Print (Softcover)
ISBN: 978-3-946943-25-9 E-Book (PDF)
ISBN: 978-3-946943-26-6 E-Book (EPUB)
ISBN: 978-3-946943-45-7 E-Book (MOBI)

Layout und Satz: Tim Reichel, Aachen
Umschlaggestaltung: Melanie Schwarz, Aachen
Umschlagmotiv: ucla_pucla / shutterstock.com
Lektorat: Sara Dörwald, Berlin
Foto: Sajoscha Blinn, Bottrop
Herstellung: Studienscheiss UG (haftungsbeschränkt), Aachen
Printed in Germany

www.studienscheiss.de

”

365 Zitate

für

Starke Frauen

Tim Reichel

Studienscheiss Verlag

Vorwort

Frauen haben es nicht leicht. Und wenn das selbst mir als Mann auffällt, dann mag das schon etwas heißen. Keine Sorge, meine Damen: Ich möchte an dieser Stelle keine schmierige Frauenversteher-Masche abziehen und mich beim vermeintlich schwachen Geschlecht einschleimen. Mir ist auch nicht daran gelegen, die allseits bekannte Ungleichbehandlung der Frau auf nahezu allen gesellschaftlichen Ebenen herauszuarbeiten – das haben schon unzählige „Expertinnen und Experten“ vor mir getan. Ich möchte etwas anderes. Ich möchte eine Hilfestellung anbieten, die den Alltag einer Frau angenehmer und schöner machen kann: dieses Buch.

Dazu eine kurze Vorgeschichte. Als es meiner besten Freundin vor einiger Zeit sehr schlecht ging, wollte ich ihr Mut machen. Zur Aufheiterung schrieb ich ihr einen kurzen Text mit zehn Gründen, warum sie all ihre Probleme überwinden und gestärkt aus der Krise hervorgehen würde. Beenden wollte ich meine Ausführungen mit einem knackigen Zitat von einer bekannten Frau. Also öffnete ich meine private Zitatesammlung und suchte. Und suchte. Und suchte. Das Problem war nicht, dass ich kein geeignetes Zitat fand – ich fand zu viele. Und damit meine ich keine kitschigen Wand-Tattoo-Sprüche wie „Träume nicht dein Leben, sondern lebe deinen Traum“, sondern bemerkenswerte Sätze von herausragenden Frauen, die ein wahres Feuerwerk an Motivation und Inspiration auslösen können.

Dies führte erstens dazu, dass ich mich kaum für ein Zitat entscheiden konnte, wodurch meine Freundin am Ende deutlich mehr lesen musste als geplant; und zweitens gab es mir den nötigen Anstoß für dieses Buch. Ich dachte mir: Was einer Frau Antrieb und Kraft geben kann, das hilft vielleicht auch anderen – und sammelte weitere Zitate von Frauen. Insgesamt habe ich in diesem Buch 365 großartige Zitate für dich recherchiert, übersetzt und aufbereitet, mit deren Hilfe du dir jeden Tag einen neuen Impuls holen und dich selbst motivieren kannst. Es ist deine tägliche Portion Frauen-Power, die dir in schwierigen Zeiten helfen kann und dich in guten Phasen zusätzlich unterstützt. Ein schönes Zitat zur passenden Zeit kann dich zum Nachdenken anregen und dir neuen Mut geben – im besten Fall motiviert es dich zudem ungemein. Solltest du also an dir zweifeln und glauben, dass du deine Ziele ohnehin nicht erreichen wirst, dann hol dir einen kraftvollen Impuls von Menschen, die eine ähnliche Situation durchgemacht und mit Bravour gemeistert haben.

Doch eine Sache darfst du dabei nicht vergessen: Es reicht nicht, wenn du dieses Buch nur überfliegst und dann wieder zum Verstauben in dein Regal stellst. Ich möchte nicht, dass du die Zitate liest, zweimal nickst und dann so weitermachst wie bisher. Ich wünsche mir für dich, dass du dein Leben anpackst und positiv veränderst; ich möchte, dass du dich nicht unterkriegen lässt, sondern wächst und erfolgreich bleibst oder wirst. Deshalb musst du die Zitate aus diesem Buch interpretieren und für dein eigenes Leben anwenden. Nur lesen reicht nicht – du musst handeln. Nicht morgen, nicht später, sondern heute. Jetzt. Am besten suchst du dir ein einzelnes Zitat heraus und setzt es sofort um.

Zwar habe ich jedes Zitat einem bestimmten Datum zugeordnet, doch das heißt nicht, dass du meiner Vorauswahl folgen musst. Zusätzlich zu den 365 Zitaten habe ich noch eine kleine Überraschung für dich. Insgesamt habe ich noch 33 weitere Zitate zusammengestellt, die es aus Platzmangel leider nicht in dieses Buch geschafft haben. Auf der letzten Seite findest du einen Link, über den du an diese Sammlung kommst. Du gelangst dort auf meine Website und kannst dich für das Geschenk anmelden – natürlich kostenlos.

Unsere Welt ist voll mit Frauen, die nicht wissen, wie großartig sie sind und deswegen weit unter ihren Möglichkeiten bleiben. Das möchte ich mit diesem Buch ändern. Wenn du das nächste Mal etwas Aufmunterung brauchst, kannst du diesen Zitateschatz öffnen, ein paar Zeilen lesen und danach mit neuer Energie voll durchstarten. Dabei wünsche ich dir allen Erfolg dieser Welt.

Tim Reichel

Januar

1. Januar

Man nehme 12 Monate, putze sie sauber von Neid,
Bitterkeit, Geiz, Pedanterie und zerlege sie in
30 oder 31 Teile, sodass der Vorrat für ein Jahr reicht.
Jeder Tag wird einzeln angerichtet aus
1 Teil Arbeit und 2 Teilen Frohsinn und Humor.
Man füge 3 gehäufte Esslöffel Optimismus hinzu,
1 Teelöffel Toleranz, 1 Körnchen Ironie und 1 Prise Takt.
Dann wird die Masse mit sehr viel Liebe übergossen.
Das fertige Gericht schmücke man mit Sträußchen kleiner
Aufmerksamkeiten und serviere es täglich mit Heiterkeit.

Katharina Elisabeth Goethe

2. Januar

In einem Jahr wirst du dir wünschen,
du hättest heute angefangen.

Karen Lamb

3. Januar

Die Zukunft gehört denen, die an die Wahrhaftigkeit
ihrer Träume glauben.

Eleanor Roosevelt

4. Januar

Handeln ist das Gegenmittel zur Verzweiflung.

Joan Baez

5. Januar

Frauen von heute warten nicht auf das Wunderbare
– sie inszenieren ihre Wunder selbst.

Katharine Hepburn

6. Januar

Das Leben ist wundervoll.
Es gibt Augenblicke, da möchte man sterben.
Aber dann geschieht etwas Neues und
man glaubt, man sei im Himmel.

Edith Piaf

7. Januar

Lass dich nicht unterkriegen,
sei frech und wild und wunderbar!

Astrid Lindgren

8. Januar

Wenn wir die Zukunft ernst nehmen,
dann müssen wir aufhören, sie anderen zu überlassen,
sondern selbst aktiv werden.

🗩 *Jane Goodall*

9. Januar

Wir müssen zu unseren Ansichten stehen
und es riskieren, um ihretwillen zu Fall zu kommen.

🗩 *Katherine Mansfield*

10. Januar

Geduld ist eine gute Eigenschaft.
Aber nicht, wenn es um die Beseitigung
von Missständen geht.

🗩 *Margaret Thatcher*

11. Januar

Sei die Heldin deines Lebens, nicht das Opfer.

🗩 *Nora Ephron*

12. Januar

Du siehst alles ein bisschen klarer mit Augen,
die geweint haben.

Marie von Ebner-Eschenbach

13. Januar

Wenn ich mein Leben noch einmal leben könnte, würde ich
die gleichen Fehler machen. Aber ein bisschen
früher, damit ich mehr davon habe.

Marlene Dietrich

14. Januar

Wenn du etwas nicht möchtest, ändere es.
Wenn du es nicht ändern kannst,
ändere deine Einstellung dazu.

Maya Angelou

15. Januar

Wer sich nicht bewegt, spürt seine Fesseln nicht.

Rosa Luxemburg

16. Januar

Wer zu lange ein Auge zugedrückt hat,
dem werden eines Tages plötzlich beide aufgehen.

Sophia Loren

17. Januar

Gegen den Rückschritt gibt es nur ein Mittel:
Immer wieder von vorne anfangen!

Teresa von Ávila

18. Januar

Wenn ein Mann zurückweicht, weicht er zurück.
Eine Frau weicht nur zurück, um besser
Anlauf nehmen zu können.

Zsa Zsa Gabor

19. Januar

Bei den meisten Erfolgsmenschen ist der Erfolg
größer als die Menschlichkeit.

Daphne du Maurier

20. Januar

Die Entfernung ist unwichtig,
nur der erste Schritt macht Schwierigkeiten.

Marie de Vichy Chamrond du Deffand

21. Januar

Man muss auch mal den
ersten Schritt alleine machen.

Ursula von der Leyen

22. Januar

Für seine Handlungen sich allein verantwortlich
fühlen und allein ihre Folgen, auch die schwersten,
tragen, das macht die Persönlichkeit aus.

Ricarda Huch

23. Januar

Finde heraus, wer du bist, und dann sei diese Person.
Das ist der Grund, warum deine Seele auf der Welt ist.

Ellen Lee DeGeneres

24. Januar

Unsere Träume können wir erst dann verwirklichen, wenn wir uns entschließen, einmal daraus zu erwachen.

Josephine Baker

25. Januar

Ich wurde als Träumerin, Fantastin, sogar als Idiotin beschrieben. Es war mir egal. Es war mir nur wichtig, die Leute davon zu überzeugen, mich mit meiner Arbeit weitermachen zu lassen.

Ada Yonath

26. Januar

Erfolg ist kein Geschenk.
Erfolg entsteht durch harte Arbeit.

Michaela Dorfmeister

27. Januar

Lass dich nicht gehen, geh selbst.

Magda Bentrup

28. Januar

Ich bin nicht bis hierhergekommen, weil ich davon träumte oder darüber nachdachte, sondern weil ich meinen Weg gegangen bin.

Estée Lauder

29. Januar

Es ist Zeitverschwendung, etwas Mittelmäßiges zu machen.

Madonna Louise Ciccone

30. Januar

Wenn ich heute nicht erfolgreich bin, greife ich morgen wieder an.

Mary Somerville

31. Januar

Nichts bringt uns auf unserem Weg besser voran, als eine Pause.

Elizabeth Barrett Browning

Februar

1. Februar

Glück ist eine Frage der Vorbereitung,
die Gelegenheit beim Schopf zu packen.

Oprah Winfrey

2. Februar

Traurigsein ist etwas Natürliches.
Es ist ein Atemholen zur Freude,
ein Vorbereiten der Seele dazu.

Paula Modersohn-Becker

3. Februar

Die großen Tugenden machen einen Menschen
bewundernswert, die kleinen Fehler
machen ihn liebenswert.

Pearl Sydenstricker Buck

4. Februar

Jeder Fehler hat eine Lehre eingebaut.

Vera Birkenbihl

5. Februar

Charme und Perfektion vertragen sich schlecht miteinander. Charme setzt kleine Fehler voraus, die man verdecken möchte.

Catherine Deneuve

6. Februar

Charme ist der unsichtbare Teil der Schönheit, ohne den niemand wirklich schön sein kann.

Sophia Loren

7. Februar

Im Tierreich sind die Männchen schöner als die Weibchen. Diesen Fehler hat Gott beim Menschen korrigiert.

Claudia Bini

8. Februar

Wahre Schönheit ist leise.

Sandra Bullock

9. Februar

Es ist gar nicht so leicht, so schön zu sein,
wie man aussieht.

🗨 *Sharon Stone*

10. Februar

Wenn man das eigene Leid einmauert,
riskiert man, dass es einen von
innen her auffrisst.

🗨 *Frida Kahlo*

11. Februar

Altern heißt sich über sich selbst klar werden.

🗨 *Simone de Beauvoir*

12. Februar

Denk falsch, wenn du magst, aber denk
um Gottes Willen für dich selbst.

🗨 *Doris Lessing*

13. Februar

Verteidige dein Recht zu denken.
Denken und sich zu irren ist besser,
als nicht zu denken.

🗩 *Hypatia von Alexandria*

14. Februar

Selbst denken ist der höchste Mut.
Wer wagt, selbst zu denken,
der wird auch selbst handeln.

🗩 *Bettina von Armin*

15. Februar

Habe keine Angst vor harter Arbeit.
Etwas Wertvolles wird dir nicht zufliegen.
Lass dich nicht von anderen entmutigen oder
dir sagen, dass du es nicht tun kannst.

🗩 *Gertrude Elion*

16. Februar

Ich erlebe junge Frauen als selbstbewusst
und zielorientiert und kann nur jede ermutigen,
beherzt die Chancen zu ergreifen, die sich bieten.

Kathrin Menges

17. Februar

Mut ist nicht immer brüllend laut.
Manchmal ist es die ruhige, leise Stimme
am Ende des Tages, die sagt:
Morgen versuche ich es wieder.

Mary Anne Radmacher

18. Februar

Mut ist wie ein Habitus,
eine Gewohnheit, eine Tugend:
Du bekommst ihn durch mutige Taten.
Es ist, als ob du schwimmen lernen würdest.
Du lernst Mutigsein, indem du mutig bist.

Marie Daly

19. Februar

Für gewöhnlich ist es nicht das Glück,
das uns fehlt, sondern das Wissen um das Glück.

Helene Stöcker

20. Februar

Willst du glücklich sein?
Dann hör auf, perfekt sein zu wollen.

Brené Brown

21. Februar

Glück bedeutet eine gute Gesundheit und
ein schlechtes Gedächtnis.

Ingrid Bergmann

22. Februar

Viele Frauen sind nur auf ihren guten Ruf bedacht;
die anderen werden glücklich.

Josephine Baker

23. Februar

Ich bin ein Mädchen, das seinen guten Ruf
verloren und nie vermisst hat.

Mae West

24. Februar

Wenn du weißt, dass du Recht hast,
ist es dir egal, was andere denken.
Du weißt, dass es früher oder
später klar wird.

Barbara McClintock

25. Februar

Ich bin die Einzige, die definiert, wie ich bin.

Katy Perry

26. Februar

Tun Sie, was Sie für richtig halten.
Es wird immer jemanden geben, der anders denkt.

Michelle Obama

27. Februar

Es ist nicht wichtig, recht zu haben,
sondern recht zu behalten.

Monika Maron

28. Februar

Das Kind hat seinen Verstand meistens vom Vater,
weil die Mutter ihren noch besitzt.

Adele Sandrock

29. Februar

Die Dummheit drängt sich vor, um gesehen zu werden.
Die Klugheit steht zurück, um zu sehen.

Carmen Sylva

März

1. März

Frauen sind nicht etwa die besseren Menschen,
sie hatten bisher nur nicht so viel Gelegenheit,
sich die Hände schmutzig zu machen.

Alice Schwarzer

2. März

Die Aktivistinnen der Frauenbewegung machen mich wütend.
Sie stehen auf Seifenkisten und proklamieren,
dass Frauen klüger sind als Männer.
Das stimmt zwar, aber es sollte unter uns bleiben,
sonst stürzt das ganze Kartenhaus zusammen.

Anita Loos

3. März

Was immer Frauen tun – sie müssen es
zweimal besser tun als Männer,
damit man sie für halb so gut hält.
Glücklicherweise ist das
nicht allzu schwer.

Charlotte Whitton

4. März

Die Frauen wurden trainiert,
leise zu sprechen und Lippenstift zu tragen.
Diese Zeiten sind vorbei.

Bella Abzug

5. März

Es ist wichtig, im Leben auch mal Schritte zu tun,
die anderen nicht gefallen.

Andrea Berg

6. März

Eine gescheite Frau hat Millionen geborener Feinde:
alle dummen Männer.

Marie von Ebner-Eschenbach

7. März

Manche kluge Frau ist nur deshalb allein, weil sie es
nicht verstanden hat, ihre Klugheit zu verbergen.

Daphne du Maurier

8. März

Es ist besser, allein unglücklich zu sein,
als mit jemandem zusammen unglücklich zu sein.

Marilyn Monroe

9. März

Bevor du deinen Prinzen findest,
musst du viele Frösche küssen.

Anastacia Lyn Newkirk

10. März

Ich lasse mir den Glauben nicht nehmen,
dass manche Männer mir ebenbürtig sind.

Brigit Brophy

11. März

Ein Mann kann höchstens vollständig sein,
eine Frau aber vollkommen.

Eleonora Duse

12. März

Genie hat kein Geschlecht.

Germaine de Staël

13. März

Ich bin eines dieser Genies, die sich darauf beschränken, sich zu erholen.

Ada Lovelace

14. März

Eine fortschrittliche Frau fortgeschrittenen Alters kann keine Macht der Welt im Zaume halten.

Dorothy Leigh Sayers

15. März

Eine Frau kann jederzeit
hundert Männer täuschen,
aber nicht eine einzige Frau.

Michèle Morgan

16. März

Eine Frau ist verloren, wenn sie Angst
vor ihrer Rivalin hat.

💬 *Marie-Jeanne Dubarry*

17. März

Es gibt einen besonderen Platz in der Hölle
für Frauen, die anderen Frauen nicht helfen.

💬 *Madeleine Albright*

18. März

Auf den Wegen der Freundschaft
soll man kein Gras wachsen lassen.

💬 *Marie Thérèse Geoffrin*

19. März

Die Freunde, die man um 4 Uhr morgens
anrufen kann, die zählen.

💬 *Marlene Dietrich*

20. März

Freundschaft ist viel komplizierter als Liebe.

Hester Thrale

21. März

Liebe ist nicht das, was man erwartet zu bekommen, sondern das, was man bereit ist zu geben.

Katharine Hepburn

22. März

Wenn man Liebe nicht bedingungslos geben und nehmen kann, ist es keine Liebe, sondern ein Handel, in dem ständig Plus und Minus gegeneinander abgewogen werden.

Emma Goldman

23. März

Die Küsse sind das Kleingeld der Liebe.

Mireille Mathieu

24. März

Es gehört viel Erfahrung dazu,
wie eine Anfängerin zu küssen.

Zsa Zsa Gabor

25. März

Ein Mann erwartet von seiner Frau, dass sie perfekt ist. Und dass sie es liebenswert findet, wenn er es nicht ist.

Catherine Zeta-Jones

26. März

Die ideale Frau gibt es ebenso wenig
wie den idealen Mann,
bloß eben ein bisschen öfter.

Vanessa Redgrave

27. März

Männer altern normal, Frauen mit Rabatt.

Jeane Luriot

28. März

Alternde Menschen sind wie Museen:
Nicht auf die Fassade kommt es an,
sondern auf die Schätze im Innern.

Jeanne Moreau

29. März

Alter ist kein Hindernis. Es ist die Limitierung,
die in deinem Kopf angelegt ist.

Jackie Joyner-Kersee

30. März

Alter ist irrelevant, es sei denn,
du bist eine Flasche Wein.

Joan Collins

31. März

Auch mit 60 kann man aussehen wie mit 40,
nur dauert es etwas länger.

Karin Dor

April

1. April

Wie sähe die Welt ohne Männer aus:
keine Verbrechen und lauter
glückliche, dicke Frauen.

💬 *Marion Smith*

2. April

Es ist nicht leicht, das Glück in sich selbst zu finden,
doch es ist unmöglich, es anderswo zu finden.

💬 *Agnes Repplier*

3. April

Glück ist das einzige, was wir anderen
geben können, ohne es selbst zu haben.

💬 *Carmen Sylva*

4. April

Frauen geben Fehler leichter zu als Männer,
darum sieht es so aus, als machten sie mehr.

💬 *Gina Lollobrigida*

5. April

Der schlimmste Fehler von Frauen ist
ihr Mangel an Größenwahn.

Irmtraud Morgner

6. April

Wir Frauen müssen an uns selbst glauben,
sonst wird es keiner tun.

Rosalyn Yalow

7. April

Wir müssen Ausdauer und vor allem Vertrauen in uns selbst haben. Wir müssen glauben, dass wir begabt sind und dass wir etwas erreichen können.

Marie Curie

8. April

Wer die Gesellschaft modernisieren will,
muss mit Gegenwind rechnen.

Anne Klein

9. April

Wenn die Gesellschaft nicht die freie Entwicklung der Frau akzeptiert, dann muss die Gesellschaft umgestaltet werden.

Elizabeth Blackwell

10. April

Wenn Männer einer Frau hilfreich unter die Arme greifen, wissen sie meistens nicht genau, wo der Arm aufhört.

Elke Sommer

11. April

Du wirst, was du glaubst.

Oprah Winfrey

12. April

Eine Frau tut, was ein Mann will, wenn er verlangt, was sie wünscht.

Elizabeth Taylor

13. April

Eine Frau, die klug genug ist, den Rat
eines Mannes einzuholen, wird bestimmt nicht
so dumm sein, ihn auch zu befolgen.

Elsa Maxwell

14. April

Definiere Erfolg nach deinen eigenen Vorstellungen,
erreiche Erfolg nach deinen eigenen Regeln und
baue ein Leben auf, auf welches du stolz bist.

Anne Sweeney

15. April

Je härter du für etwas arbeiten musst,
desto mehr schätzt du es wert.

Beyoncé Giselle Knowles-Carter

16. April

Wohin du auch gehst, es wird ein Teil von dir werden.

Anita Desai

17. April

Ich bin stolz auf die Falten.
Sie sind das Leben in meinem Gesicht.

🗩 *Brigitte Bardot*

18. April

Ich habe den Kampf gegen die Falten aufgegeben,
weil nichts so viele Falten macht, wie
der Kampf gegen die Falten.

🗩 *Liv Ullmann*

19. April

Ich liebe meine Falten und betrachte sie als
Auszeichnung, denn ich habe sie hart erarbeitet.

🗩 *Maggie Kuhn*

20. April

Kosmetik ist die Kunst,
die Geburtsurkunde zu dementieren.

🗩 *Olga Tschechowa*

21. April

Der Körper macht, was er will. Aber ich bin nicht mein Körper; ich bin mein Verstand.

Rita Levi-Montalcini

22. April

Eine richtige Frau wirkt voll bekleidet auf einen Mann anziehender als ein nacktes Weib.

Romy Schneider

23. April

Wenn Männer mein Dekolleté loben, freue ich mich. Denn sonst werde ich zu sehr auf meine inneren Werte reduziert.

Barbara Schöneberger

24. April

Es ist kein Spaß, mich morgens selbst im Spiegel anzusehen.

Diane Keaton

25. April

Die Frauen machen sich nur deshalb so hübsch, weil das Auge des Mannes besser entwickelt ist als sein Verstand.

Doris Day

26. April

Das schwächere Geschlecht ist das stärkere wegen der Schwäche des stärkeren für das schwächere.

Greta Garbo

27. April

Ich verstehe nicht, warum man über geschäftstüchtige Frauen die Nase rümpft. Soweit ich weiß, ist Geschäftstüchtigkeit kein sekundäres männliches Geschlechtsmerkmal.

Jane Fonda

28. April

Wenn eine Frau, die hinter einem erfolgreichen
Mann steht, vorwärtskommen will,
muss sie ihm den Rücken zukehren.

Maria Sukop

29. April

Es ist sehr wichtig, in Bewegung zu sein,
ein Ziel zu haben, das zu tun, was wirklich von
Bedeutung ist. Wenn du das Gefühl hast, dass etwas
getan werden muss, dann musst du es tun.

Marija Gimbutas

30. April

Menschen werden vergessen, was du gesagt hast.
Menschen werden vergessen, was du getan hast.
Aber Menschen werden niemals vergessen,
welches Gefühl du ihnen vermittelt hast.

Maya Angelou

Mai

1. Mai

Das Glück besteht darin, zu leben wie
alle Welt und doch wie kein anderer zu sein.

Simone de Beauvoir

2. Mai

Ich kann Frauen nur raten, nicht beim ersten Buh
den Kopf einzuziehen. Brust raus, weitermachen!

Stella McCartney

3. Mai

Ich werfe unserer Zeit vor, dass sie starke und
zu allem Guten begabten Geister zurückstößt,
nur weil es sich um Frauen handelt.

Teresa von Ávila

4. Mai

Viele erfolgreiche Männer haben keine erfolgreichen
Qualifikationen außer der, keine Frau zu sein.

Virginia Woolf

5. Mai

Wenn du einen Traum hast, dann greife danach und
höre niemals auf, daran zu glauben.

Carol Burnett

6. Mai

Es geht nicht darum, wie hoch du springen
kannst, sondern wie hoch du glaubst,
dass du springen kannst.

Julia Engelmann

7. Mai

Die Emanzipation ist erst dann vollendet,
wenn auch einmal eine total unfähige Frau
in eine verantwortliche Position aufgerückt ist.

Heidi Kabel

8. Mai

Wer von der Hoffnung lebt, wird wenigstens nicht dick.

Tilla Durieux

9. Mai

Mittelmäßige Männer in Spitzenjobs
sind für eine Frau genauso eine Zumutung wie für
einen Mann herausragende Frauen an oberster Stelle.

Margarita Mathiopoulos

10. Mai

Wenn Sie in der Politik etwas gesagt haben wollen,
wenden Sie sich an einen Mann. Wenn Sie etwas getan
haben wollen, wenden Sie sich an eine Frau.

Margaret Thatcher

11. Mai

Man bekommt beim Schweigen ganz gut
ein Maß für die Zeit.

Angela Merkel

12. Mai

Schüchternheit ist die Begleiterin großer Leidenschaften.

Madeleine de Fontaine

13. Mai

Wie immer im Leben wollen die Menschen eine einfache Antwort... und es ist immer falsch.

Susan Greenfield

14. Mai

Politik ist eine viel zu ernste Sache, als dass man sie allein den Männern überlassen könnte.

Käthe Strobel

15. Mai

Es stört mich nicht, was meine Minister sagen, solange sie tun, was ich ihnen sage.

Margaret Thatcher

16. Mai

Eine kluge Frau wird manches übersehen, aber alles überschauen.

Lil Dagover

17. Mai

Was Frauen noch lernen müssen, ist, dass niemand ihnen Macht gibt. Sie müssen sie sich nehmen.

🗩 *Roseanne Barr*

18. Mai

Die meisten Menschen geben ihre Macht auf, indem sie denken, sie hätten keine.

🗩 *Alice Walker*

19. Mai

Dort, wo die Macht ist, muss man die Frauen wie die Stecknadeln im Heuhaufen suchen.

🗩 *Annemarie Renger*

20. Mai

Eine wirklich emanzipierte Frau braucht ihre Emanzipation nicht zu plakatieren. Sie ist für sie so selbstverständlich wie Pulsschlag und Atemluft.

🗩 *Giulietta Masina*

21. Mai

Ich wünsche mir nicht, dass Frauen Macht
über Männer haben; sondern über sich selbst.

Mary Wollstonecraft

22. Mai

Niemand ist den Frauen gegenüber aggressiver oder
herablassender als ein Mann, der seiner
Männlichkeit nicht ganz sicher ist.

Simone de Beauvoir

23. Mai

Die Fantasie des Mannes
ist die beste Waffe der Frau.

Sophia Loren

24. Mai

Auch die schwächste Frau ist noch stark genug,
um mehrere Männer auf den Arm zu nehmen.

Trude Hesterberg

25. Mai

Auch Gott lernt dazu. Man merkt das an den Verbesserungen bei der Erschaffung der Frau gegenüber der des Mannes.

Zsa Zsa Gabor

26. Mai

Die Fantasie der Männer reicht bei weitem nicht aus, um die Realität Frau zu begreifen.

Anna Magnani

27. Mai

Ich bin einfach, kompliziert, selbstlos, egoistisch, unattraktiv, schön, faul und voller Tatendrang.

Barbra Streisand

28. Mai

Aufhören können ist keine Schwäche, es ist eine Stärke.

Ingeborg Bachmann

29. Mai

Nach all den Jahren, in denen ich als Frau hörte,
ich sei nicht dünn genug, nicht schön genug,
nicht klug genug, ich hätte von diesem und
jenem nicht genug… wachte ich eines
Morgens auf und dachte: Ich bin genug.

Anna Quindlen

30. Mai

Ich denke nicht daran, mich selbst einzuschränken,
nur weil die Leute nicht akzeptieren,
dass ich etwas anders mache.

Dolly Parton

31. Mai

Je mehr ich mich mag,
desto weniger täusche ich vor,
jemand anderes zu sein.

Jamie Lee Curtis

”

Juni

1. Juni

Die einzige Möglichkeit, etwas vom Leben zu haben,
ist, sich mit aller Macht hineinzustürzen.

Angelina Jolie

2. Juni

Wer mit 70 eine reizende alte Dame sein möchte,
muss als 17-jähriges Mädchen damit anfangen.

Agatha Christie

3. Juni

Je älter man wird, desto mehr ähnelt
die Geburtstagstorte einem Fackelzug.

Katharine Hepburn

4. Juni

Das Geheimnis ewiger Jugend liegt darin,
aufrichtig zu leben, langsam zu essen und
über sein Alter zu schwindeln.

Lucille Ball

5. Juni

Nur wer sein Alter verleugnet, fühlt sich wirklich alt.

Lilli Palmer

6. Juni

Ich verstehe nicht, warum so viele Frauen darunter leiden, dass sie schon wieder ein Jahr älter geworden sind. Nicht mehr ein Jahr älter zu werden – das wäre eine Katastrophe.

Liv Ullmann

7. Juni

Frauen im mittleren Alter sollten nicht traurig sein – auch in der Geschichte kommt nach dem Mittelalter die Neuzeit.

Vera Tschechowa

8. Juni

Sich am Leben zu erfreuen, ist die beste Kosmetik für die Frau.

Rosalind Russell

9. Juni

Ich bin nun in ein Alter gekommen, in dem ich
erst mein Gebiss und mein Hörgerät brauche,
um zu fragen, wo meine Brille ist.

Tina Turner

10. Juni

Die beste Möglichkeit, Männer dazu zu bringen,
etwas zu tun, ist durchblicken zu lassen,
dass sie vielleicht zu alt dazu sind.

Shirley MacLaine

11. Juni

Die Männer mögen das Feuer entdeckt haben.
Aber die Frauen wissen besser, wie man damit spielt.

Sarah Jessica Parker

12. Juni

Kein Mann verliebt sich in mich, wenn ich es nicht wünsche.

Marlene Dietrich

13. Juni

Je mehr sich die Männer den Wünschen der Frauen anpassen, desto weniger können die Frauen mit ihnen anfangen.

Camille Paglia

14. Juni

Es gibt Frauen, die Darwin falsch verstanden haben: Sie machen aus jedem Mann einen Affen.

Carola Höhn

15. Juni

Eine Frau braucht zwanzig Jahre, um aus ihrem Sohn einen Mann zu machen – und eine andere macht in nur zwanzig Minuten einen Dummkopf aus ihm.

Helen Rowland

16. Juni

Das Einzige deiner Kinder, das nie erwachsen wird, ist dein Ehemann.

Demi Moore

17. Juni

Frauen, die rechtzeitig erkennen, dass man einen Mann
nicht erziehen kann, ersparen sich den
halben Kummer ihres Ehelebens.

Michèle Morgan

18. Juni

Man kann in Kinder nichts hineinprügeln,
aber vieles herausstreicheln.

Astrid Lindgren

19. Juni

Ich liebe Kinder vor allem dann, wenn sie schreien,
weil dann jemand kommt und sie mitnimmt.

Nancy Mitford

20. Juni

Das Rezept für Gelassenheit ist einfach: Man darf sich nicht
über Dinge aufregen, die nicht zu ändern sind.

Helen Vita

21. Juni

Es gibt nur einen Ausweg, wenn man einmal in ein Labyrinth geraten ist, das ist der Wille.

Fanny Lewald

22. Juni

Ich habe niemals an Erfolg geglaubt,
ich habe dafür gearbeitet.

Estée Lauder

23. Juni

Wir wissen nicht, wie groß wir sind, bis sie uns zum Aufstehen zwingen. Und wenn wir es dann wirklich tun, wird unser Kopf durch die Wolken dringen.

Emily Dickinson

24. Juni

Niemand kann dich ohne dein Einverständnis
dazu bringen, dich schlecht zu fühlen.

Eleanor Roosevelt

25. Juni

Wenn eine Frau sich selbst die beste Freundin ist,
wird das Leben einfacher.

Diane von Fürstenberg

26. Juni

Nur wer sich in sich selbst erwärmen kann,
an dem vermag auch ein anderer warm zu werden.

Agnes Pockels

27. Juni

Karriere ist etwas Herrliches, aber man kann sich nicht
in einer kalten Nacht an ihr wärmen.

Marilyn Monroe

28. Juni

Es gibt eine Zeit für die Arbeit.
Und es gibt eine Zeit für die Liebe.
Mehr Zeit hat man nicht.

Coco Chanel

29. Juni

Viel mehr als unsere Fähigkeiten sind es
unsere Entscheidungen, die zeigen,
wer wir wirklich sind.

Joanne Kathleen Rowling

30. Juni

Sei eine erstklassige Ausgabe deiner selbst,
keine zweitklassige von jemand anderem.

Judy Garland

Juli

1. Juli

Eine Frau, die zu einem Rendezvous nicht zu spät kommt, ist auch sonst nicht sehr zuverlässig.

Juliette Gréco

2. Juli

Frauen lassen einen Mann nur deshalb warten, weil sie damit seine Vorfreude vergrößern wollen.

Hannelore Elsner

3. Juli

Meine Pünktlichkeit drückt aus, dass mir deine Zeit so wertvoll ist wie meine eigene.

Helga Schäferling

4. Juli

Ich brauche keinen Mann, um meine Existenz aufzuwerten. Die intensivste Beziehung, die wir je haben können, ist die mit uns selbst.

Shirley MacLaine

5. Juli

Menschen reagieren positiv auf diejenigen,
die wissen, was sie wollen.

Anna Wintour

6. Juli

Manchmal ist die Zufriedenheit,
das Richtige zu tun, wichtiger als Glück.

Cornelia Funke

7. Juli

Wirklich reich ist ein Mensch nur dann,
wenn er das Herz einer geliebten Person besitzt.

Greta Garbo

8. Juli

Die schönsten Dinge im Leben kann man
weder sehen noch berühren, man kann sie nur
mit dem Herzen spüren.

Helen Keller

9. Juli

Die Augen sind die Fenster der Seele.

Hildegard von Bingen

10. Juli

In völliger Dunkelheit sind wir alle gleich,
nur unser Wissen und die Erfahrung trennen uns,
also lass dich nicht von deinen Augen täuschen.

Janet Jackson

11. Juli

Ich verstehe nicht, warum es verwerflich sein soll,
ein Dilettant zu sein – wenn man wenigstens ein mitfühlender
und erfahrener ist. Ich schätze meinen Dilettantismus.

Margaret Anderson

12. Juli

Das Streben nach Vollkommenheit macht
manchen Menschen vollkommen unerträglich.

Pearl Sydenstricker Buck

13. Juli

Unvollkommenheit bedeutet Schönheit,
Wahnsinn ist Genialität und es ist besser,
absolut lächerlich zu sein als absolut öde.

Marilyn Monroe

14. Juli

Denn schlimmer als zu sterben ist es,
nicht zu wissen, wofür man lebt.

Gioconda Belli

15. Juli

Bedauernswert ist die Frau,
die nichts zu bereuen hat.

Jeanne Moreau

16. Juli

Es ist einfacher, hinterher um Entschuldigung zu bitten,
als vorher die Erlaubnis zu bekommen.

Grace Hopper

17. Juli

Dass Frauen das letzte Wort haben,
beruht hauptsächlich darauf, dass den
Männern nichts mehr einfällt.

Hanne Wieder

18. Juli

Jeder Mann ist ein Manuskript,
das erst korrigiert werden muss.

Katharina die Große

19. Juli

Die Wahrheit ist nicht immer schön,
aber der Hunger nach ihr ist es.

Nadine Gordimer

20. Juli

Liebe stirbt nie an Hunger,
sondern an Übersättigung.

Ninon de Lenclos

21. Juli

Der Charakter einer Frau zeigt sich nicht,
wo die Liebe beginnt, sondern wo sie endet.

Rosa Luxemburg

22. Juli

Freundschaft ist sicherlich der beste Balsam
für die Wunden einer enttäuschten Liebe.

Jane Austen

23. Juli

Männer und Straßenbahnen soll man nie nachlaufen,
es kommen immer wieder neue.

Eva Zeller

24. Juli

Die Männer würden den Frauen getrost die
Weltherrschaft überlassen, wenn die Frauen zugeben würden,
dass nur Männer gute Autofahrer sein können.

Jeanne Moreau

25. Juli

Ich habe nie geheiratet, weil ich drei Haustiere habe,
die den gleichen Zweck erfüllen wie ein Ehemann.
Ich besitze einen Hund, der jeden Morgen knurrt,
einen Papagei, der den ganzen Nachmittag flucht und
eine Katze, die spät in der Nacht nach Hause kommt.

Maria Corelli

26. Juli

Je mehr Männer ich kennenlerne,
desto mehr mag ich Hunde.

Germaine de Staël

27. Juli

Einem Mann seinen Freiraum zu lassen, ist,
wie einem Hund einen Computer zu schenken:
Sehr wahrscheinlich wird er es nicht schaffen,
ihn weise zu nutzen.

Bette-Jane Raphael

28. Juli

Eine Frau verabscheut Grobtaten.
Sie kastriert ihren Mann behutsam durch Kritik.

Catherine Miller

29. Juli

Ein freundliches Wort kostet nichts,
und dennoch ist es das Schönste aller Geschenke.

Daphne du Maurier

30. Juli

Man muss alle Menschen ein ganz klein wenig
besser behandeln, als sie es verdienen;
so entwaffnet man sie am leichtesten.

Dorothea Schlegel

31. Juli

Die Mode ist vielleicht keine Waffe der Frau,
aber sie liefert ihr wenigstens die Munition.

Brigitte Bardot

August

1. August

Wenn man nicht weiß, was man zu einer Gesellschaft
anziehen soll, kommt man am besten als Erste.
Dann haben die Anderen das Gefühl,
falsch angezogen zu sein.

Dagma Koller

2. August

Wenn man im Mittelpunkt einer Party stehen will,
darf man nicht hingehen.

Audrey Hepburn

3. August

Heute steht eine Frau bei einer Party immer vor der Frage,
ob sie genug angezogen oder genug ausgezogen ist.

Catherine Deneuve

4. August

Ich war nicht wirklich nackt. Ich hatte nur keine Kleider an.

Josephine Baker

5. August

Gut zurechtgemacht fürs Ausgehen
ist eine Frau dann, wenn ihr Begleiter
lieber mit ihr zu Hause bliebe.

🗨 *Olga Tschechowa*

6. August

Der Pullover einer Frau sitzt richtig,
wenn die Männer nicht mehr atmen können.

🗨 *Zsa Zsa Gabor*

7. August

Tapferkeit wird dadurch nicht schlechter,
dass sie ein wenig schwerfällt.

🗨 *Coco Chanel*

8. August

Ganz gleich wie eine Frau aussieht:
Ist sie selbstbewusst, wirkt sie sexy.

🗨 *Paris Hilton*

9. August

Auch ich hatte Teflon-Zeiten
– da blieb kein Mann an mir kleben.

Dianne Brill

10. August

Wenn dir das Leben Zitronen gibt,
mach Limonade daraus.

Joan Collins

11. August

Ich hasse Hausarbeit. Man macht die Betten,
wäscht das Geschirr und sechs Monate später
muss man wieder von vorne beginnen.

Joan Rivers

12. August

Hausarbeit ist die schwerste Arbeit der Welt.
Deswegen wollen die Männer sie nicht tun.

Edna Ferber

13. August

Ich mag die Ausdrücke „Hausfrau“ und „Hausmutter“ nicht.
Ich bevorzuge den Begriff „Göttin des Hauses“
– er ist anschaulicher.

🗩 *Roseanne Barr*

14. August

Ich habe es nie anders erlebt, als zu arbeiten
und auch Familie zu haben.

🗩 *Antje von Dewitz*

15. August

Durch das Zu-viel-arbeiten sündigt man am Leben
und an der Arbeit selbst.

🗩 *Paula Modersohn-Becker*

16. August

Könnte ich leben, ohne zu arbeiten,
ich wäre das glücklichste Wesen unter der Sonne.

🗩 *Franziska zu Reventlow*

17. August

Nur ein Mann kann glauben, dass das Glück einer Frau darin besteht, ihm zu gefallen und ihn zu bedienen.

Margaret Fuller

18. August

Männer sind nicht geboren, um zu kommandieren – Frauen nicht, um zu gehorchen.

Lucretia Mott

19. August

Mitarbeiter lassen sich lieber von einer Frau überzeugen, als von einem Mann anschreien.

Annette Winkler

20. August

Wenn du etwas gut gemacht haben willst, dann besorge dir dafür ein paar gestandene Weibsbilder.

Bette Davis

21. August

Wenn du eine Sache gut machst, mach sie besser.
Sei wagemutig, sei anders. Sei einfach du.

🗨 *Anita Rodicke*

22. August

Es ist der absolute Luxus, Leidenschaft mit Leistung
zu kombinieren. Und es ist der wahre Weg zum Glück.

🗨 *Sheryl Sandberg*

23. August

Lieber echte Ideale als falsche Karriere.

🗨 *Sina Trinkwalder*

24. August

Eine Frau ist in der Wirtschaft wie der Zaun
um einen Garten. Ist der Zaun tüchtig, so bleibt
alles ordentlich; nichts Fremdes bricht herein.
Nehmt den Zaun weg und alles wird niedergetreten.

🗨 *Sophie Mereau*

25. August

Das Geld ist leider die Sache, für die man
im Leben am meisten zahlen muss.

Juliette Gréco

26. August

Wer immer alles nur nach Zahlen bewertet,
steht meistens selbst nicht hoch im Kurs.

Liselotte Pulver

27. August

Leben wird nicht gemessen an der Zahl von Atemzügen,
die wir nehmen; sondern an den Momenten,
die uns den Atem nehmen.

Maya Angelou

28. August

Meine Freunde sind mein Vermögen.

Emily Dickinson

29. August

Wohlstand ist wie Parfüm:
Zu viel macht oft Kopfschmerzen.

🗨 *Margaret Cavendish*

30. August

Erfolg ist ein großartiges Deodorant.
Es entfernt alle Gerüche der Vergangenheit.

🗨 *Elizabeth Taylor*

31. August

Erfolge muss man langsam löffeln,
sonst verschluckt man sich an ihnen.

🗨 *Erika Pluhar*

September

1. September

Eine große Kraft entsteht, wenn junge Menschen
beschließen, etwas zu verändern. Sie haben Macht und
die Zukunft des Planeten in ihrer Hand.

Jane Goodall

2. September

Gib niemals auf, für das zu kämpfen, was du tun willst.
Mit etwas, wo Leidenschaft und Inspiration ist,
kann man nicht falsch liegen.

Ella Fitzgerald

3. September

Die Leute fragen mich oft: War der Nobelpreis die Sache,
auf die Sie Ihr ganzes Leben lang hingearbeitet haben?
Ich sage ihnen dann, dass ich doch nicht verrückt bin.
Niemand würde einen Nobelpreis anstreben, denn wenn man
ihn nicht bekommt, wäre das ganze Leben verschwendet.
Ich habe immer versucht, Menschen zu helfen und
Gutes zu tun und diese Zufriedenheit ist viel größer
als jeder Preis, den man bekommen kann.

Gertrude Elion

4. September

Liebe zum Lernen ist die wichtigste Leidenschaft;
darin liegt unser Glück. Es ist ein sicheres Mittel gegen das,
was uns quält und eine unendliche Quelle der Freude.

Émilie du Châtelet

5. September

Dumm wird man nicht, dumm bleibt man.

Esther Vilar

6. September

Der schädlichste Ausdruck in der Sprache ist:
„Das haben wir bisher immer so gemacht."

Grace Hopper

7. September

Sei nicht eingeschüchtert von dem, was du nicht weißt.
Das kann deine größte Stärke sein, weil du dadurch
Dinge anders machst als alle anderen.

Sara Blakely

8. September

Die Wissenschaft geht nicht immer vorwärts.
Es ist ein bisschen wie ein Zauberwürfel.
Manchmal musst du mehr Chaos anrichten,
bevor du es richtig machen kannst.

Jocelyn Bell Burnell

9. September

Wenn keiner weiß, wo es langgeht,
sollten alle wenigstens suchen dürfen.

Antje Vollmer

10. September

Der Augenblick ist das Ziel.

Christl Lieben

11. September

Champions spielen so lange,
bis sie gewinnen.

Billie Jean King

12. September

Frauen sind das größte unerschlossene
Talentreservoir der Welt.

Hillary Clinton

13. September

Wenn du in die Enge getrieben wirst und
sich alles gegen dich zu wenden scheint,
bis es so aussieht, als ob du nicht eine Minute
länger aushalten kannst, gib nicht auf,
denn das ist genau der Augenblick,
in dem das Blatt sich wendet.

Harriet Beecher-Stowe

14. September

Es ist gut zu wissen, dass man alles machen kann.
Man muss nur damit anfangen.

Julie Deane

15. September

Ich führe meinen Erfolg darauf zurück,
dass ich niemals Ausreden akzeptiert habe.

🗨 *Florence Nightingale*

16. September

Was die Jugend braucht, ist Disziplin
und ein voller Bücherschrank.

🗨 *Vivienne Westwood*

17. September

Studiere so, als würdest du für immer leben;
lebe so, als würdest du morgen sterben.

🗨 *Maria Mitchell*

18. September

Du lebst nur ein Mal.
Aber, wenn du es richtig machst,
wird ein Mal auch genug sein.

🗨 *Mae West*

19. September

Ich würde lieber im Abenteuer der
edlen Errungenschaften sterben, als in einer
dunklen und trägen Sicherheit zu leben.

Margaret Cavendish

20. September

Ich habe keine Angst vor Stürmen.
Ich lerne, wie ich mein Schiff steuern muss.

Louisa May Alcott

21. September

Man braucht nichts im Leben zu fürchten,
man muss nur alles verstehen.

Marie Curie

22. September

Wenn wir anfangen, unser Versagen nicht mehr so ernst
zu nehmen, heißt das, dass wir es nicht mehr fürchten.

Katherine Mansfield

23. September

Charme wächst wie eine Perle aus einer
kleinen Wunde, die sich langsam schließt.

Lilli Palmer

24. September

Man muss durch schlechte Erfahrungen
hindurchgehen und nicht drum herum.

Liza Minnelli

25. September

Wer ausweicht, weicht sich selbst aus
und wer sich selbst ausweicht, findet sich nicht.

Lina Loos

26. September

Wenn es einen Glauben gibt, der Berge versetzen kann,
so ist es der Glaube an die eigene Kraft.

Marie von Ebner-Eschenbach

27. September

Ich habe immer Dinge getan, für die ich noch nicht ganz bereit war. So wächst man.

Marissa Mayer

28. September

Nicht alle von uns können große Dinge tun.
Aber wir können kleine Dinge mit großer Liebe tun.

Mutter Teresa

29. September

Was spricht dagegen, etwas Gutes zu tun, wenn keiner zuschaut?

Nicole Kidman

30. September

Es gibt keine größere Belohnung als zu geben.

Montserrat Caballé

”

Oktober

1. Oktober

Frauen sind wie Katzen:
Beide kann man nur zwingen,
das zu tun, was sie selbst mögen.

Sidonie-Gabrielle Claudine Colette

2. Oktober

Es hat keinen Sinn, mit Männern zu streiten
– sie haben ja doch immer Unrecht.

Zsa Zsa Gabor

3. Oktober

Im gleichen Maße wie der Körper einer Frau
weicher ist als der des Mannes, ist auch der
weibliche Verstand schärfer.

Christine de Pisan

4. Oktober

Verstanden zu werden ist nicht das Wichtigste im Leben.

Jodie Foster

5. Oktober

Kein Mann hat Fantasie genug, die weibliche Vernunft
zu begreifen, deshalb nennt man sie Unvernunft.

Eleonora Duse

6. Oktober

Sehen sie sich um. Die meisten Ehemänner sind
der beste Beweis dafür, dass Frauen Humor haben.

Donna Leon

7. Oktober

Die meisten Frauen wählen ihr Nachthemd
mit mehr Verstand als ihren Mann.

Coco Chanel

8. Oktober

Selbstironie ist das klügste Stilmittel,
um Unterhaltung zu machen.

Barbara Schöneberger

9. Oktober

Wenn zwei schöne Frauen nebeneinandersitzen, zieht es.

Marlene Dietrich

10. Oktober

Es ist wohl das Privileg der Damen,
Komplimente zu erhalten und keine reellen Vorteile.

Sophie Germain

11. Oktober

Die Freiheit wird einem nicht gegeben,
man muss sie nehmen.

Meret Oppenheim

12. Oktober

Wenn dir jemand einen Sitzplatz in einem
Raumschiff anbietet, frage nicht,
welcher es sein wird.
Steig ein!

Sheryl Sandberg

13. Oktober

Beim Liebesspiel ist es wie beim Autofahren.
Die Frauen mögen die Umleitung
– die Männer die Abkürzung.

Jeanne Moreau

14. Oktober

Frauen möchten in der Liebe Romane erleben,
Männer Kurzgeschichten.

Daphne du Maurier

15. Oktober

Küssen ist die schönste Art, Kalorien zu verbrennen.

Audrey Hepburn

16. Oktober

Für eine Frau gibt es wichtigere Dinge
als einen Orgasmus, zum Beispiel den Kauf von
einem Paar auberginefarbenen Lackstiefelchen.

Esther Vilar

17. Oktober

Erotik und Intelligenz müssen nicht unbedingt Feinde sein.

Hildegard Knef

18. Oktober

Eine der erogensten Zonen der Frau ist die Intelligenz.

Shirley MacLaine

19. Oktober

Viele Menschen versäumen das kleine Glück, während sie auf das Große vergebens warten.

Pearl Sydenstricker Buck

20. Oktober

Wenn du offen für neue Ideen bist und mit den Dingen herumspielst, kann alles passieren.

Stephanie Kwolek

21. Oktober

Das Schwierigste ist die Entscheidung zu handeln.
Der Rest ist Hartnäckigkeit.

Amelia Earhart

22. Oktober

Dem stärksten Willen fehlt oft die Kraft,
die einer zarten Emotion selbstverständlich ist.

Elfriede Hablé

23. Oktober

Habe keine Angst vor schwierigen Momenten.
Das Beste geht von ihnen aus.

Rita Levi-Montalcini

24. Oktober

Wenn du im Leben auf Nummer sicher
gehen willst, hast du dich dafür entschieden,
nicht mehr wachsen zu wollen.

Shirley Hufstedler

25. Oktober

Das einzige Ding, das je seinen Erfolg
ausgesessen hat, ist eine Henne.

🗨 *Sarah Brown*

26. Oktober

Nur ich kann mein Leben ändern.
Niemand anderes kann es für mich tun.

🗨 *Carol Burnett*

27. Oktober

Leben soll man leben, aber nicht
die ganze Zeit darüber diskutieren.

🗨 *Isabelle Adjani*

28. Oktober

Zu langes Nachdenken über eine Sache
macht sie oft unmöglich.

🗨 *Eva Young*

29. Oktober

Wenn man sich auf das Negative konzentriert,
trägt man nur zu dessen Macht bei.

Shirley MacLaine

30. Oktober

Hass ist die Liebe der Schwachen.

Agustina Bessa-Luís

31. Oktober

Wut ist ein nützliches Gefühl,
wenn es darum geht zu überleben.

Beatrice Mtetwa

November

1. November

Nicht der Beginn wird belohnt,

sondern einzig und allein das Durchhalten.

Katharina von Siena

2. November

Man merkt nie, was schon getan wurde,

man sieht immer nur, was noch zu tun bleibt.

Marie Curie

3. November

Dass uns eine Sache fehlt,

sollte uns nicht davon abhalten,

alles andere zu genießen.

Jane Austen

4. November

Wer nicht mehr genießen kann,

wird ungenießbar.

Teresa von Ávila

5. November

Wer das Gute erkennen will,
muss dem Schlechten begegnen.

Elfriede Hablé

6. November

Es ist gefährlich, anderen etwas vorzumachen,
denn es endet damit, dass man sich
selbst etwas vormacht.

Eleonora Duse

7. November

Frauen sind am stärksten, wenn sie sich
mit ihrer Schwäche bewaffnen.

Marie de Vichy Chamrond du Deffand

8. November

Ich habe Spaß an dem,
wovor ich mich fürchte.

Shirley Jackson

9. November

Die Männer hatten schon immer Angst davor,
dass die Frauen ohne sie zurechtkommen könnten.

Margaret Mead

10. November

Frauen sind eine Mehrheit,
die wie eine Minderheit behandelt wird.

Lisa Kraemer

11. November

Wer aufhört, besser werden zu wollen,
hört auf, gut zu sein.

Marie von Ebner-Eschenbach

12. November

Große Köpfe diskutieren Ideen.
Durchschnittliche Köpfe diskutieren Ereignisse.
Kleine Köpfe diskutieren Menschen.

Eleanor Roosevelt

13. November

Die Schwerkraft des Geistes
lässt uns nach oben fallen.

Simone Weil

14. November

Nichts verscheucht böse Träume schneller
als das Rascheln von bedrucktem Papier.

Cornelia Funke

15. November

Es ist zweierlei, Verstand empfangen haben
und den Verstand, den man empfangen hat,
auch anzuwenden gelernt haben.

Dorothea Erxleben

16. November

Befreit euren Geist und
eure Hintern werden folgen.

Sarah Ferguson

17. November

Die größte Klugheit einer klugen Frau besteht darin, ihre Klugheit nicht zu zeigen.

Virginia Woolf

18. November

Die Aufregung des Lernens trennt die Jugend vom Alter. Solange du lernst, bist du nicht alt.

Rosalyn Yalow

19. November

Die jungen Menschen von heute sollten gelegentlich daran denken, dass sie die alten Herrschaften von morgen sein werden.

Evelyn Waugh

20. November

Wir gehen mit dieser Welt um, als hätten wir noch eine zweite im Kofferraum.

Jane Fonda

21. November

Bei den meisten Erfolgsmenschen ist der Erfolg
größer als die Menschlichkeit.

Daphne du Maurier

22. November

Ich möchte alles sein,
was mir zu werden möglich ist.

Katherine Mansfield

23. November

Um glücklich zu sein,
muss man seine Vorurteile abgelegt und
seine Illusionen behalten haben.

Émilie du Châtelet

24. November

Liebe ist die Gabe, einen Menschen
so zu nehmen, wie er nicht ist.

Hannelore Schroth

25. November

Über die Liebe lächelt man nur so lange,
bis sie einen selbst erwischt.

Eleonora Duse

26. November

Beim Flirten kommt es darauf an,
eher die Notbremse zu ziehen
als die Konsequenzen.

Demi Moore

27. November

Menschen heiraten immer wieder.
Das ist der Sieg der Hoffnung über die Erfahrung.

Helen Fisher

28. November

Wenn Frauen unergründlich erscheinen,
dann liegt es am fehlenden Tiefgang der Männer.

Katharine Hepburn

29. November

Bevor wir einander vergeben können,
müssen wir einander verstehen.

Emma Goldman

30. November

Es ist leichter, einen Mann zu finden,
als ihn wieder loszuwerden.

Gina Lollobrigida

Dezember

1. Dezember

Was heißt schon für uns Frauen,
mit Anstand alt zu werden?
Lieber unanständig jung bleiben.

💬 *Olga Tschechowa*

2. Dezember

Alt werden ist kein Job für Feiglinge.

💬 *Bette Davis*

3. Dezember

Alter schützt vor Liebe nicht,
aber Liebe vor dem Altern.

💬 *Coco Chanel*

4. Dezember

Man trägt viel im Herzen,
was man nie einem anderen
Menschen mitteilen kann.

💬 *Greta Garbo*

5. Dezember

Jeder Mensch begegnet einmal
dem Menschen seines Lebens, aber
nur wenige erkennen ihn rechtzeitig.

Gina Kraus

6. Dezember

Man liebt einen Menschen nicht wegen seiner Stärken,
sondern wegen seiner Schwächen.

Tilla Durieux

7. Dezember

Fast jede Frau wäre gern treu.
Schwierig ist es bloß, den Mann zu finden,
dem man treu sein kann.

Marlene Dietrich

8. Dezember

Liebe ist ein Käfig mit Gitterstäben aus Glück.

Claudia Cardinale

9. Dezember

Der beste Beweis der Liebe ist Vertrauen.

Joyce Brothers

10. Dezember

Vertraue auf das, was du liebst. Hör nicht auf damit.
Und es wird dir zeigen, wohin du gehen musst.

Natalie Goldberg

11. Dezember

Es geht nicht um das, was wir tun oder
wie viel wir tun. Sondern darum,
wie viel Liebe wir in das Tun legen.

Mutter Teresa

12. Dezember

Du wirst immer wieder etwas Törichtes tun,
doch tu es mit Hingabe!

Sidonie-Gabrielle Claudine Colette

13. Dezember

Gehe mit dir selbst keine Kompromisse ein.
Du bist alles, was du hast.

💬 *Janis Joplin*

14. Dezember

Du kannst etwas verändern
– jeden Tag und zu jeder Zeit!

💬 *Jane Goodall*

15. Dezember

Du musst die Herrin deiner Zeit sein,
sie nicht die deine.

💬 *Golda Meir*

16. Dezember

Es gibt keine Hölle, außer jener,
die sich die Menschen auf
Erden selbst bereiten.

💬 *Gillian Rubinstein*

17. Dezember

Nur der Teufel kennt keine Musik.

Hildegard von Bingen

18. Dezember

Frauen lieben es gar nicht, Klatsch weiterzuerzählen. Sie wissen nur nicht, was sie sonst damit tun sollen.

Romy Schneider

19. Dezember

Erzähle ein Gerücht niemals weiter, bevor du es nachgeprüft hast. Und wenn es stimmt, halte erst recht den Mund.

Selma Lagerlöf

20. Dezember

Die guten Mädchen sind es, die Tagebuch schreiben; die bösen haben keine Zeit dazu.

Tallulah Bankhead

21. Dezember

Wenn du wenig Zeit hast,
nimm dir am Anfang viel davon.

Ruth Cohn

22. Dezember

Die Zeiten ändern sich,
aber wir müssen uns nicht
mit ihnen ändern.

Rita Mae Brown

23. Dezember

Warten können ist eine große Kunst,
nichts erwarten können eine noch größere.

Ingrid Bergmann

24. Dezember

Das Gegenteil der Heiligen sind nicht die Sünder,
sondern die Scheinheiligen.

Glenn Close

25. Dezember

Zu viel des Guten kann wunderbar sein.

Mae West

26. Dezember

Das Leben muss nicht einfach sein,
vorausgesetzt, es ist nicht leer.

Lise Meitner

27. Dezember

Nenne dich nicht arm, weil deine Träume nicht
in Erfüllung gegangen sind; wirklich arm ist nur,
wer nie geträumt hat.

Marie von Ebner-Eschenbach

28. Dezember

Träumen ist auch eine andere Art des Planens.

Gloria Steinem

29. Dezember

Wer nicht von der Vergangenheit lernt,
wird von der Zukunft dafür bestraft.

Adele Elisa Gräfin von Bredow-Görne

30. Dezember

Mut ist nichts anderes,
als immer bis zum Ende zu gehen.

Edith Piaf

31. Dezember

Es ist nie zu spät.
Nie zu spät, von vorne anzufangen.
Nie zu spät, um glücklich zu sein.

Jane Fonda

Hier warten 33 weitere Zitate auf dich:

www.studienscheiss.de/zitate-frauen-geschenk

Stichworte

Themen

Suchst du ein geeignetes Zitat zu einem bestimmten Thema? In dieser Übersicht findest du für jeden Anlass die passenden Worte.

Geburtstag 13.1., 11.2., 14.3., 27.3., 28.3., 29.3., 30.3., 31.3., 17.4., 19.4., 20.4., 2.6., 3.6., 4.6., 5.6., 6.6., 9.6., 18.11., 1.12., 2.12., 3.12.

Glück und Erfolg 19.1., 23.1., 26.1., 30.1., 1.2., 19.2., 20.2., 21.2., 22.2., 13.3., 2.4., 3.4., 8.4., 14.4., 15.4., 1.5., 4.5., 5.5., 16.5., 29.5., 31.5., 1.6., 20.6., 22.6., 24.6., 25.6., 30.6., 4.7., 6.7., 8.7., 11.7., 12.7., 13.7., 14.7., 29.7., 8.8., 10.8., 15.8., 16.8., 22.8., 23.8., 27.8., 30.8., 31.8., 3.9., 4.9., 10.9., 11.9., 12.9., 15.9., 18.9., 19.9., 27.9., 28.9., 30.9., 11.10., 19.10., 24.10., 25.10., 27.10., 2.11., 3.11., 4.11., 6.11., 11.11., 21.11., 22.11., 23.11., 8.12., 10.12., 11.12., 12.12., 13.12., 21.12., 25.12., 26.12., 27.12., 31.12.

Mut 5.1., 6.1., 7.1., 18.1., 20.1., 21.1., 24.1., 27.1., 28.1., 14.2., 17.2., 18.2., 26.2., 7.4., 11.4., 29.4., 30.4., 2.5., 5.5., 6.5., 17.5., 27.5., 28.5., 30.5., 21.6., 23.6., 29.6., 5.7., 7.8., 21.8., 1.9., 2.9., 7.9., 9.9., 12.9., 14.9., 19.9., 21.9., 22.9., 24.9., 25.9., 26.9., 27.9., 11.10., 20.10., 21.10., 23.10., 26.10., 28.10., 31.10., 1.11., 7.11., 8.11., 11.11., 10.12., 14.12., 30.12., 31.12.

Prüfung 4.2., 27.2., 29.2., 13.5., 4.9., 5.9., 8.9., 12.9., 15.9., 17.9., 21.9., 22.9., 27.9., 18.10., 23.10., 13.11., 15.11., 18.11., 26.12.

Karriere 10.1., 17.1., 19.1., 22.1., 25.1., 15.2., 3.3., 4.3., 5.3., 12.3., 16.3., 17.3., 4.4., 5.4., 6.4. 10.4., 13.4., 15.4., 23.4., 27.4., 28.4., 29.4., 3.5., 4.5., 7.5., 9.5., 10.5., 14.5., 16.5., 17.5., 19.5., 24.5., 30.5., 22.6., 27.6., 28.6., 30.7., 1.8., 11.8., 14.8., 15.8., 16.8., 18.8., 19.8., 20.8., 21.8., 22.8., 23.8., 24.8., 25.8., 26.8., 27.8., 29.8., 30.8., 7.9., 8.9., 12.9., 27.9., 10.10., 11.10., 24.10., 2.11., 7.11., 11.11., 12.11., 15.11., 17.11., 18.11., 11.12., 12.12., 15.12.

Frauen und Männer 5.1., 11.1., 18.1., 7.2., 16.2., 22.2., 28.2., 1.3., 2.3., 3.3., 4.3., 6.3., 7.3., 9.3., 10.3., 11.3., 12.3., 14.3., 15.3., 16.3., 17.3., 25.3., 26.3., 27.3., 1.4., 4.4., 5.4., 6.4., 9.4., 10.4., 12.4., 13.4., 22.4., 23.4., 25.4., 26.4., 27.4., 28.4., 2.5., 3.5., 4.5., 7.5., 9.5., 10.5., 14.5., 16.5., 17.5., 19.5., 20.5., 21.5., 22.5., 23.5., 24.5., 25.5., 26.5., 29.5., 2.6., 6.6., 7.6., 10.6., 11.6., 12.6., 13.6., 14.6., 15.6., 16.6., 17.6., 25.6., 1.7., 2.7., 15.7., 17.7., 18.7., 21.7., 23.7., 24.7., 25.7., 26.7., 27.7., 28.7., 31.7., 3.8., 5.8., 6.8., 8.8., 9.8., 12.8., 13.8., 17.8., 18.8., 19.8., 20.8., 24.8., 12.9., 1.10., 2.10., 3.10., 5.10. 6.10., 7.10., 9.10., 10.10., 13.10., 14.10., 16.10., 18.10., 7.11., 9.11., 17.11., 28.11., 30.11., 1.12., 7.12., 18.12., 20.12.

Liebe 3.2., 20.3., 21.3., 22.3., 23.3., 24.3., 3.4., 12.5., 12.6., 18.6., 19.6., 26.6., 28.6., 1.7., 2.7., 7.7., 8.7., 20.7., 21.7., 26.7., 5.8., 4.9., 28.9., 29.9., 13.10., 14.10., 15.10., 16.10., 17.10., 18.10., 30.10., 24.11., 25.11., 26.11., 29.11., 30.11., 3.12., 4.12., 5.12., 7.12., 8.12., 9.12., 10.12., 11.12., 26.12.

Hochzeit und Ehe 28.2., 9.3., 26.3., 13.6., 14.6., 16.6., 17.6., 7.7., 18.7., 25.7., 28.7., 14.8., 18.8., 6.10. 7.10., 24.11., 25.11., 27.11., 30.11., 3.12., 5.12., 7.12., 9.12.

Freundschaft 18.3., 19.3., 20.3., 3.4., 30.4., 25.6., 22.7., 28.8.,

Trennung 12.1., 16.1., 7.3., 8.3., 24.6., 4.7., 21.7., 22.7., 23.7., 9.8., 23.9., 24.9., 23.10., 5.11., 29.11.

Trauer 4.1., 11.1., 14.1., 2.2., 10.2., 3.4., 7.6., 24.6., 23.9., 26.9., 5.11.

Neuanfang 2.1., 3.1., 08.1., 30.1., 8.5., 1.9., 2.9., 6.9., 7.9., 14.9., 15.9., 26.9., 27.9., 19.10., 20.10., 21.10., 23.10., 24.10., 26.10., 28.10., 11.11., 10.12., 13.12., 14.12., 21.12., 26.12., 29.12., 31.12.

Nachwort

Infos zum Buch

Dieses Buch ist keine klassische Zitatesammlung mit Vollständigkeitsanspruch, sondern eine persönliche Zusammenstellung, die nur ein Ziel hat: dich zu inspirieren. Deshalb habe ich die einzelnen Zitate so ausgewählt, dass sie zusammen die größte, positive Wirkung für dich entfalten. Dabei habe ich darauf geachtet, ein möglichst breites Spektrum an Autorinnen abzudecken und damit für eine dynamische inhaltliche Durchmischung zu sorgen.

Jedes Zitat wurde sorgfältig recherchiert und mehrfach auf Echtheit geprüft. Dazu habe ich klassische Nachschlagewerke, Originaltexte und Online-Quellen herangezogen und das Ergebnis von dritten Personen mehrfach gegenchecken lassen. Dennoch kann es in diesem aufwändigen Prozess zu Fehlern gekommen sein. Sollte dir beim Lesen etwas ungewöhnlich vorkommen oder wenn du konkrete Anmerkungen zu einem bestimmten Zitat hast, dann schreibe mir bitte eine Nachricht an kontakt@studienscheiss.de.

Übrigens: Dieses Buch wurde von unserem kleinen Studienscheiss-Verlag fair und hochwertig produziert. Wir arbeiten mit regionalen Designern und Lektoren zusammen und lassen über 90 Prozent unserer Bücher in Deutschland herstellen.

Alle an der Produktionskette beteiligten Partner werden von uns fair behandelt – und fair bezahlt. Allesamt kleine und mittelständische Unternehmen, die mit Herzblut bei der Sache sind und mit denen wir ein gemeinsames Ziel verfolgen: hochwertige Produkte zu erzeugen, die unsere Leser glücklich machen.

Unsere Bücher entstehen unter nachhaltigen Produktionsbedingungen, schonen die Umwelt und fördern die regionale Wirtschaft. Und genau das unterstützt du, wenn du dir dieses Buch zugelegt hast.

Vielen Dank dafür.

Über den Autor

Dr. Tim Reichel, Jahrgang 1988, ist Autor, Wissenschaftler und Unternehmer. Nach dem Abitur studierte er Wirtschaftsingenieurwesen an der RWTH Aachen und ist anschließend zur Promotion an der Uni geblieben. Dort betreut er seitdem industrienahe Forschungsprojekte und beschäftigt sich mit den Themen Nachhaltigkeit und Ressourceneffizienz.

Seit sieben Jahren arbeitet er als Fachstudienberater und Koordinator eines Prüfungsausschusses. Dabei coacht er Studenten, berät bei Schwierigkeiten im Studium, schreibt Prüfungsordnungen und begleitet zudem Akkreditierungsverfahren (Letzteres ist sehr, sehr langweilig).

Im Juni 2014 gründete er die Plattform studienscheiss.de. Mit dieser Webseite hilft er deutschlandweit tausenden Studenten und Bildungsinteressierten dabei, glücklich und erfolgreich zu studieren, um in der späteren Berufswelt zurechtzukommen. Im Jahr 2016 wurde aus dem Start-up ein unabhängiger, kleiner Verlag.

In seinem Blog veröffentlicht er regelmäßig Artikel zu den Themen Zeitmanagement, Motivation und Persönlichkeitsentwicklung. Dort gibt er auch Tipps, wie man den stressigen Alltag in den Griff bekommen und sein Leben proaktiv gestalten kann.

Das ist Tim

Dankeschön

Ich danke allen Leserinnen und Lesern meines Studienscheiss-Blogs. Ohne euch und eure riesige Unterstützung gäbe es meinen Blog und dieses Buch nicht. Ihr seid die beste Community, die es im deutschsprachigen Raum gibt und ich liebe es, für euch zu schreiben. Danke, dass ihr mich motiviert, kritisiert und immer wieder hinter mir steht. Danke, dass ihr da seid.

Allein hätte ich dieses Buch niemals schreiben können. Deswegen danke ich ganz besonders den Menschen, die mir dabei geholfen haben: Sarah, Sara, Kristina, Melanie, Thomas und Sajoscha.

Vielen Dank, dass ihr mich ertragen und in jeder schwierigen Situation unterstützt habt. Auch dann, wenn ich nervig und zickig war oder mich einfach blöd angestellt habe.

Eure Verlässlichkeit, eure Geduld und euer Einsatz sind unglaublich und alles andere als selbstverständlich. Ich weiß das wirklich zu schätzen – und danke euch allen von Herzen.

Lesetipps

Lesetipp

365 Zitate für starke Männer

Die männlichste Zitatesammlung der Welt mit kuriosen Sprüchen für tägliche Inspiration und Motivation

Lies die ersten Seiten kostenlos:

www.studienscheiss.de/buecher

Lesetipp

365 Zitate für tägliche Inspiration

Frische Impulse mit aufrüttelnden Zitaten
für die tägliche Extraportion Inspiration

Lies die ersten Seiten kostenlos:

www.studienscheiss.de/buecher

Lesetipp

365 Zitate für tägliche Gemeinheiten

Deine tägliche Dosis Schlagfertigkeit und Sarkasmus
gegen den Wahnsinn auf dieser Welt

Lies die ersten Seiten kostenlos:

www.studienscheiss.de/buecher

Geschenk

Hier warten 33 weitere Zitate auf dich:

www.studienscheiss.de/zitate-frauen-geschenk